Anonymous

Der Toten-Tanz

Wie derselbe in der weitberühmten Stadt Basel als ein Spiegel menschlicher Beschaffenheit ganz künstlich mit lebendigen Farben gemahlet, nicht ohne nützliche Verwunderung zu sehen ist - 1. Band

Anonymous

Der Toten-Tanz
Wie derselbe in der weitberühmten Stadt Basel als ein Spiegel menschlicher Beschaffenheit ganz künstlich mit lebendigen Farben gemahlet, nicht ohne nützliche Verwunderung zu sehen ist - 1. Band

ISBN/EAN: 9783743479791

Hergestellt in Europa, USA, Kanada, Australien, Japan

Cover: Foto ©ninafisch / pixelio.de

Manufactured and distributed by brebook publishing software (www.brebook.com)

Anonymous

Der Toten-Tanz

Der Todten-Tanz zu Basel, Anno M.DLXXVI.

Der Todten-Tantz,

wie derselbe
in der weitberühmten
Stadt Basel,
als ein
Spiegel menschlicher Beschaffenheit,
ganz künstlich
mit lebendigen Farben gemahlet,
nicht ohne nützliche Verwunderung
zu sehen ist.

Basel,
bey Gebrüdern von Mechel, 1796.

Vorwort.

Es scheint uns nothwendig, dieser ältesten Auflage der, den Urbildern des berühmten Todtentanzes getreuesten Nachbildung einige Worte vorauszusenden. Sie mögen den Zweck und Werth dieser Ausgabe, wie auch einige Erläuterungen über den Inhalt derselben vor Augen legen.

Nach den ältesten Urkunden und Traditionen, die ermittelt worden sind, erzeugte das 14. Jahrhundert zuerst die Idee: an den Mauern der Klöster, in Hallen, Gängen und an Grabstätten eine Reihe von Gemälden anzubringen, die den Tod als unerbittlichen Räuber des Menschenlebens in jedem Alter, wie in jedem Stande darstellten. Zunächst mag wohl dieser Gedanke in den Köpfen einiger Klosterbewohner (Mönche) entstanden sein. In den engen, von der Welt abgeschiedenen Zellen erwachten wohl zuweilen Erinnerungen an das irdische, durch Abwechselung so reichhaltige Leben, die keine Pönitenz, kein Gebet verscheuchen wollte. Sich gleichsam dafür zu strafen, und mehr noch der wiederkehrenden Weltlust ein ernstes, an die Vergänglichkeit alles Irdischen mahnendes Zeichen zu setzen, stellten sie den Tod nicht, wie bisher alle Nationen, als einen Friedensengel, einen himmlischen Genius dar, sondern malten ihn in der abschreckenden, unästhetischen Gestalt des menschlichen Gerippes (Skeletts). Dieses Bild behielten auch die damals lebenden Maler bei, um so mehr, als es dem großen Haufen, der in harten Sklavenfesseln von Fürsten, Grafen und Rittern gehalten ward, am meisten behagte. Mit geheimer Schadenfreude sah der Leibeigene sowohl den Armen, wie den Reichen und Gefürsteten von dem häßlichen Todtengerippe brüderlich gleich umarmt und zu einer Gruft geführt. — Andere Ansichten über die Entstehung des Todtentanzes sind schon mehrfach veröffentlicht worden, bedürfen also auch hier keiner Wiederholung. Wir enthalten uns jedes Urtheils über die der Wahrheit zunächst kommende Idee, glauben aber, daß auch die von uns eben angedeutete so viel Wahrscheinlichkeit für sich habe, als jede andere.

Der berühmte Todtentanz, welcher in der löblichen Stadt Basel bei dem Predigerkirchhofe, so voller Lindenbäume gestanden, auf einer 192 Fuß langen Mauer, an dem gepflasterten Wege zur Rechten vom Eingange*), mit Oelfarbe gemalt, mit Gallerie und Dachung versehen, war

---

*) Um dem Publikum einen bessern Begriff zu geben, wo der Todtentanz vor Zeiten gestanden, hat der Verleger dieser Ausgabe eine Zeichnung des Platzes beigefügt.

ein altes Monument und eine der am berühmtesten gewordenen Antiquitäten der alten Basilea. Dieses Kunstdenkmal der Vorzeit stammt aus den Tagen Kaisers Sigismundi; es wurde zur Zeit des großen Conciliums in Basel, welches unter dem Papste Eugenio im Jahr 1431 eröffnet wurde und 17 Jahre 9 Monat 27 Tage währte, von den anwesenden Vätern und Prälaten aufzustellen beschlossen, und zwar zum Gedächtniß des großen Sterbens (der Pest), welches 1439 die Stadt Basel heimsuchte und nebst vielem Volke auch mehrere vornehme Herren, Cardinäle und Prälaten hinwegraffte, die theils auf gedachtem Kirchhofe, theils aber in der Karthäuserkirche im mindern (Klein=) Basel begraben liegen. Da nun zu jener Zeit durch den niederländischen Maler Johann van Eyck die Oelmalerei erfunden worden und Kaiser Sigismund, der selbst in Basel anwesend war, als Beschützer und Beförderer gelehrter Leute und Künstler, auch mehrere berühmte Maler in seinem Gefolge hatte, so beschloß das Concilium: das vorhabende löbliche Werk nicht mit Wasserfarben, welche man bisher angewendet, sondern zur längeren Erhaltung von einem der besten Maler mit der neuerfundenen Oelfarbe an oben bezeichnetem Orte malen zu lassen. — Leider ist des Malers Name unbekannt geblieben, weshalb man lange der irrigen Meinung war, der berühmte Holbein sei der Meister auch dieser berühmten Antiquität. Indessen ist die Unrichtigkeit dieser Ansicht längst zur Genüge dargethan worden, als daß wir uns weiter darüber auszusprechen hätten. Ferner haben etliche Forscher gemeint: der berühmte Todtentanz am Predigerkirchhofe sei nur eine Verbesserung des im sogenannten Klingenthale gewesenen; doch hat nicht ermittelt werden können, ob eine ähnliche Gemäldegallerie wirklich früher dort gewesen, oder ob sie (wahrscheinlicher) erst nach jenem berühmten Meisterwerke entstanden sei.

Was bei den in Rede stehenden Gemälden vorzüglich zu bemerken, ist, daß alle Stände, die darauf vorgestellt sind, nach dem Leben und in der Kleidung jener Zeit abgebildet wurden. In der Figur des Papstes finden wir ein treues Bildniß des zu Basel an obgemeldeten Eugenii Statt gewählten Kirchenfürsten Felicis V., in der des Kaisers erkennt man sogleich den Kaiser Sigismundum, als König wurde der ebenfalls beim Concilio anwesende römische König Albertus I. abgebildet. — Auch die über den Gemälden angebrachten Reime gehören jener Zeit an, wie Sprache und Dichtkunst verrathen. Sie sind den Originalen buchstäblich getreu hier abgedruckt.

Als der Todtentanz jedoch nach langjährigem Bestande zu erbleichen anfing, beschloß der löbl. Magistrat der Stadt im Jahre 1568, denselben, unbeschadet des Originals, erneuern zu lassen.

Dies geschah durch den ausgezeichneten Maler Hans Hugo Klauber, Bürger zu Basel. — Da aber an der Mauer, worauf der Todtentanz, noch Raum frei war, so ließ man zum Gedächtniß der im Jahre 1529 siegreich hervorgegangenen Reformation das Bildniß des gottseligen und gelahrten Mannes Oecolampadii auch darauf malen, um damit anzudeuten, wie er allen Ständen das heilige Evangelium geprediget in brüderlich christlicher Gleichheit, wie der Tod endlich auch alle Stände brüderlich gleich in der Gruft vereine. Nach Beendigung der Renovation fand der Maler auch noch Raum genug, sich selbst mit Weib und Kind abzubilden. Noch mehrere Male nachher wurden die Gemälde erneuert: in den Jahren 1616, 1658 und 1703. Als sie aber im Jahre 1805 sehr beschädigt und die Mauer selbst, worauf der Todtentanz abgebildet, des Platzes nicht mehr werth befunden wurde, ließ man dieselbe abtragen. Nur einige der am besten erhaltenen Stücke wurden vom gänzlichen Untergang gerettet und sind auf der Universität in Basel zu sehen. Der Platz aber, worauf der Todtentanz gestanden, ist in einen schönen und angenehmen Spaziergang umgewandelt, trägt jedoch von seiner alten Berühmtheit noch den traurig klingenden Namen.

Georg Scharffenberg, ein berühmter Formschneider, ist der Verfertiger dieser Holzschnitte, die derselbe durch Vermittelung seines

Freundes Hans Hugo Klauber getreu nach dem Originale im Jahre 1576 kopirte, welche Jahreszahl auch auf dem letzten Gemälde dieses Werkes mit seinem Namen und gewöhnlichen Monogramm zu sehen ist.*)

Da nun diese Abbildung — eine andere wurde erst gegen die Mitte des 17ten Jahrhunderts von **Matthäus Merian**, einem geschickten Kupferstecher, kopirt und herausgegeben — die **erste und getreueste** nach dem Original des berühmten Todtentanzes ist, der später noch in vielen andern Städten nachgebildet wurde, so glauben wir durch diese neue Ausgabe dem Publikum eine angenehme Gabe darzubringen.

Basel, 1842.

Der Verleger: **Mähly-Lamy**.

---

*) Siehe François Brulliot Dictionnaire des monogrammes No. 1103.

Todten-Tantz
der Stadt Basel, auf der Predigern Kirchhof.

Warnung Esajä am 40. Capitel.

Es spricht der Prophet Esajas,
   Daß alles Fleisch ist Heu und Gras,
Sein Schöne, wie die Blum im Feld,
   Das Gras verdorrt, die Blum wird welk:
Vergleicht s'Volck dem Gras auf der Heyd,
   Wenns HErren Athem sie anwäyt,
Die Blum verreißt, das Gras verdorrt,
   Doch bleibt in Ewigkeit sein Wort.

Trost des Jobs am 19. Capitel.

Ich weiß, daß mein Heyland thut leben,
   Christus, der mir hat s'Leben geben,
Wird mich aus der Erden erwecken,
   Mein Gebein mit der Haut bedecken:
Und wird mein Fleisch GOtt leben sehen,
   Mit meinen Augen wirds beschehen.

Ein anders Trost-Sprüchlein.

Was lebt, das stirbt durch Adams Noth:
   Was stirbt, das lebt durch Christi Tod.

Andere Verslein.

O Mensch betracht,   Und nicht veracht
   Hie die Figur,   All Creatur,
Die nimmt der Tod   Frühe und spoht,
   Gleich wie die Blum   Im Feld vergoht.

Der Prediger spricht: Dan. 12.

Viel aus den, die im Staub der Erden
   Schlafen, die sollen wieder werden
Erwachen: Ein Theil ewig leben,
   Dem andern Theil will er geben

Ein hart Urtheil zu ew'ger Schmoch:
   Die müssen aber kommen hoch,
Welch andere haben bericht fein,
   Werden gläntz'n wie des Himmels Schein.

Vom Jüngsten Gericht.

Wer diese Figur schauet an,
  Sie sind jung, alt, Weib oder Mann,
Sollen betrachten, daß, wie der Wind,
  Alle Ding unbeständig sind.

Doch wiß ein jeder Mensch gar eben,
  Nach dieser Zeit ist auch ein Leben,
Das steht in Freuden oder Pein,
  Ein jeder lug, wo er wöll hin.

Der Tod zum Pabst.

Kommt, heiliger Vater, werther Mann,
   Ein Vortantz müßt ihr mit mir han:
Der Ablaß euch nicht hilft darvon,
   Das zweyfach Creutz und dreyfach Cron.

Des Pabsts Antwort:

Heilig war ich auf Erd genannt,
   Ohn GOtt der Höchst führt ich mein Stand:
Der Ablaß thät mir gar wohl lohnen,
   Noch will der Tod mein nicht verschonen.

Der Tod zum Käyser.

Herr Käyser mit dem grauen Bart,
  Euer Reu habt Ihr zu lang gespart,
Drum sperrt Euch nicht, Ihr mußt darvon,
Und tantz'n nach meiner Pfeiffen Thon.

Der Käyser.

Ich konnte das Reich gar wohl mehren
  Mit Streiten, Fechten, Unrecht wehren:
Nun hat der Tod überwunden mich,
  Daß ich bin keinem Käyser gleich.

Der Tod zur Käyserin.

Ich tantz euch vor, Frau Käyserin,
 Springen hernach, der Tantz ist mein:
Euer Hofleut sind von euch gewichen,
 Der Tod hat euch hie auch erschlichen.

Die Käyserin.

Viel Wollust hat mein stoltzer Leib,
 Ich lebt als eines Käysers Weib:
Nun muß ich an diesen Tantz kommen,
 Mir ist all Muth und Freud genommen.

Der Tod zum König.

HErr König, Euer G'walt hat ein End,
Ich führ euch hie bey meiner Hand,
An diesen dürren Bruder-Tantz,
Da gibt man Euch des Todes Krantz.

Der König.

Ich hab gewaltiglich gelebt,
Und in hohen Ehren geschwebt:
Nun bin ich in des Todes Banden,
Verstricket sehr in seinen Handen.

Der Tod zur Königin.

Frau Königin, euer Freud ist aus,
 Springen mit mir ins Todten-Haus,
Euch hilft kein Schöne, Gold noch Gelt,
Ich spring mit euch in jene Welt.

Die Königin.

O weh und ach! O weh und immer,
 Wo ist jetzund mein Frauenzimmer,
Mit denen ich hat Freuden viel:
 O Tod! thu g'mach, mit mir nicht eil.

Der Tod zum Cardinal.

Spring auf mit dem rothen Hut,
  Herr Cardinal, der Tantz ist gut:
Wohl gesegnet habt ihr die Leyen,
  Ihr müßt auch jetzund an den Reyhen.

Der Cardinal.

Ich ware mit Päbstlicher Wahl
  Der heiligen Kirchen Cardinal:
Die Welt hielt mich in grossen Ehren,
  Noch mag ich mich s'Teds nicht erwehren.

Der Tod zum Bischoff.

Euer Würde hat sich verkehrt,
　Herr Bischoff weis und wohl gelehrt:
Ich will euch in den Reyhen ziehen,
　Ihr mögen dem Tod nicht entfliehen.

Der Bischoff.

Ich bin gar hoch geachtet worden,
　Dieweil ich lebt in Bischoffs-Orden:
Nun ziehen mich die Ungeschaffnen
　An ihren Tantz als einen Affen.

Der Tod zum Hertzog.

Habt ihr mit Frauen hoch gesprungen,
 Stoltzer Hertzog, ists euch wohl g'lungen:
Das müßt ihr an dem Reyhen büssen,
 Wohl her, g'lust euch die Todt'n zu grüssen.

Die Hertzogin.

Ach GOtt! der armen Lauten Thon,
 Muß ich mit dem Greuling darvon!
Heut Hertzogin und nimmer meh,
 Ach Angst und Noth, O weh! O weh!

Der Tod zum Grafen.

HErr Graf, gebt mir das Bottenbrod,
Es zeucht euch hin der bitter Tod:
Laßt euch nicht reuen Weib und Kind,
Ihr müßt tantzen mit diesem G'sind.

Der Graf.

In dieser Welt ward ich bekannt,
Darzu ein edler Graf genannt:
Nun bin ich von dem Tod gefällt,
Und her an diesen Tantz gestellt.

Der Tod zum Abbt.

HErr Abbt, ich zieh euch die Ynfel ab,
 Deßhalb nutzt euch nicht mehr der Stab:
Sind ihr g'wesen ein guter Hirt
 Hie eurer Schaaf, die Ehr euch wird.

Der Abbt.

Ich hab mich als ein Abbt erhebt,
 Und lang in hohen Ehren g'lebt:
Auch satzt sich niemand wider mich,
 Dennoch bin ich dem Tode gleich.

Der Tod zum Edelmann.

Nun kommet her, ihr Edler Degen,
 Ihr müſſet hier der Mannheit pflegen;
Mit dem Tod, der niemand verſchont,
 Geſegnet euch, ſo wird euch g'lohnt.

Der Edelmann.

Ich hab gar manchen Mann erſchreckt,
 Der mit dem Harniſch war bedeckt:
Nun ficht mit mir der grimme Tod,
 Und bringt mich gar in groſſe Noth.

Der Tod zur Edelfrau.

Vom Adel, Frau, laßt euer pflantzen,
Ihr müsset jetzt hie mit mir tantzen,
Ich schon nicht euers geelen Haar:
Was seht ihr in dem Spiegel klar?

Die Edelfrau.

O Angst und Noth, wie ist mir b'schehen!
Den Tod hab ich im Spiegel g'sehen:
Mich hat erschreckt sein greulich G'stalt,
Daß mir das Hertz im Leib ist kalt.

Der Tod zum Juristen.

ES hilfft da kein Fund noch Hosieren,
  Kein Aufzug oder Appellieren:
 Der Tod zwinget alle Geschlecht,
  Darzu Geistlich und weltlich Recht.

Der Jurist.

Von GOtt all Recht gegeben sind,
  Wie man die in den Büchern findt,
 Kein Jurist soll dieselbig biegen,
  Die Lug hassen, die Wahrheit lieben.

Der Tod zum Rathsherren.

Sind ihr ein Herr g'wesen der Stadt,
Den man im Rath gebrauchet hat?
Habt ihr wol g'rathen, ists euch gut,
Wird euch auch abziehen euern Hut.

Der Rathsherr.

Ich hab mich g'flissen Tag und Nacht,
Daß der G'mein Nutz werde betracht,
Sucht Reich und Armer Nutz und Ehr,
Was mich gut dunckt, macht ich das mehr.

Der Tod zum Chorherren.

HErr Chorherr habt ihr g'sungen vor
 Viel süß Gesang in euerm Chor:
So mercken uff, der Pfeiffen Schall
Verkündet euch des Todes Fall.

Der Chorherr.

Ich sange als ein Chorherr frey
 Von Stimmen manche Melodey,
Des Todes Pfeiff ist dem ungleich,
 Sie hat so sehr erschrecket mich.

Der Tod zum Doctor.

HErr Doctor b'schaut die Anatomey
An mir, ob sie recht g'machet sey,
Dann du hast manchen auch hing'richt,
Der eben gleich, wie ich jetzt, sicht.

Der Doctor.

Ich hab mit meinem Wasserb'schauen
Geholffen beyde Mann und Frauen:
Wer b'schaut mir nun das Wasser mein,
Ich muß jetzt mit dem Tod dahin.

Der Tod zum Kauffmann.

HErr Kauffmann, lasset euer Werben,
Die Zeit ist hie ihr müssen sterben:
Der Tod nimt weder Geld noch Gut,
Nun tantzen her mit freyem Muht.

Der Kauffmann.

Ich hab mich z'leben versorgt wohl,
Küsten und Kästen waren voll,
Der Tod hat meine Gaab verschmacht,
Und mich um Leib und Leben bracht.

Der Tod zur Aeptißin.

Gnädige Frau Aeptißin rein,
 Wie habt ihr so ein Bäuchlein klein:
Doch will ich euch das nicht verweisen:
 Ich wolt mich eh in Finger beissen.

Die Aeptißin.

Ich hab gelesen aus dem Psalter
 In dem Chore vor dem Fronalter:
Nun will mich helffen hie kein Betten,
 Ich muß hie dem Tod auch nachtretten.

Der Tod zum Waldbruder.

BRuder, komm du aus deiner Klaus,
 Halt still, ich lösch dir das Liecht aus:
Drum mach dich mit mir auf die Fahrt
 Mit deinem weissen langen Bart.

Der Waldbruder.

Ich hab getragen lange Zeit
 Ein härin Kleid, hilfft mir jetzt nit:
Bin nicht sicher in meiner Klaus,
 Die Stund ist hie, mein G'bätt ist aus.

Der Tod zum Jüngling.

Jüngling wo wilt du hin spatzieren,
Ein andern Weg will ich dich führen,
Allda wirst du dein Buhlschaft finden:
Das thu ich dir jetzund verkünden.

Der Jüngling.

Mit schlemmen, demmen und mit prassen,
Des Nachts hofieren auf der Gassen,
Darinn hab ich mein Muth und Freud,
Gedacht wenig an den Abscheyd.

Der Tod zur Jungfrauen.

Ach Jungfrau, euer rother Mund,
  Wird bleich jetzund zu dieser Stund:
Ihr sprungen gern mit jungen Knaben,
  Mit mir müßt ihr ein Vortantz haben.

Die Jungfrau.

O weh! wie greulich hast mich g'fangen,
  Mir ist all Muth und Freud vergangen:
Zu tantzen g'lust mich nimmermeh,
  Ich fahr davon, Ade, Ade.

Der Tod zum Wucherer.

DEin Gold und Geld sihe ich nicht an,
 Du Wucherer und gottloß Mann:
Christus hat dich das nicht gelehrt,
 Ein schwartzer Tod ist dein Gefärdt.

Der Wucherer.

Ich fragt nicht viel nach Christi Lehr,
 Mein Wucher der trug mir viel mehr:
Jetzt bleibt der Leyden all dahinden,
 Was hilft mein Schaben und mein Schinden.

Der Tod zum Kilbepfeiffer.

Was wollen wir für ein Täntzle haben,
Den Bättler oder schwartzen Knaben,
Mein Kilbehans, Spiel wär nicht gantz,
Wärst du auch nicht an diesem Tantz.

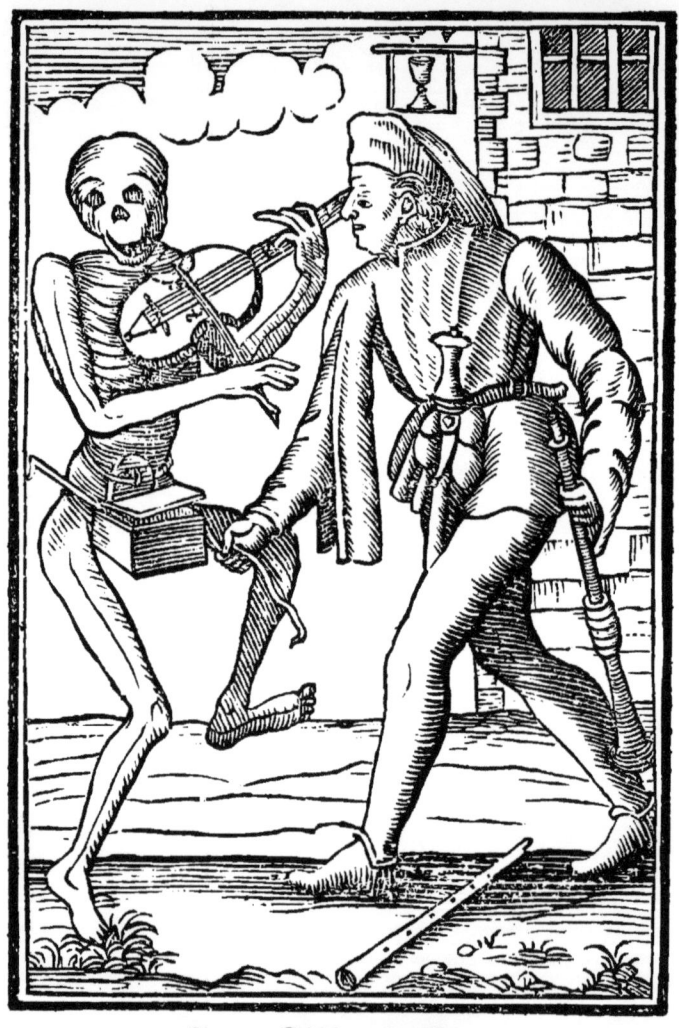

Der Kilbepfeiffer.

Kein Kilb war mir Wegs halb zu weit,
Davon ich nicht hab bracht mein Beüt:
Nun ists aus, weg muß ich mit Noth,
Die Pfeiff ist g'fallen mir ins Koht.

Der Tod zum Schultheiß.

Herr Schultheiß auf, dann es ist Zeit,
Daß Leib und Seel mit einander streit:
Das thu ich auf der Leyren singen,
Dem Liedlein mögen ihr nachspringen.

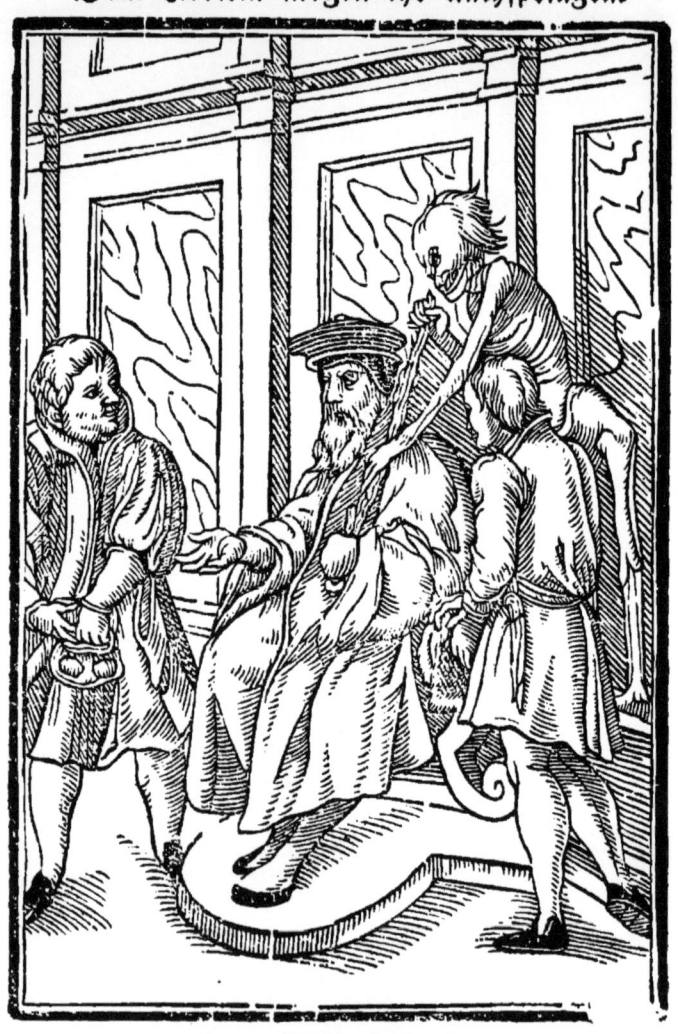

Der Schultheiß.

Mein Ampt ich hab mit Fleiß versehen,
Hoff es sey niemand Unrecht b'schehen,
Am G'richt, dem Reichen wie dem Armen.
O GOtt du wöllst dich mein erbarmen!

Der Tod zum Narren.

Wolauff Heine, du muſt jetzt ſpringen,
Schürtze dich auf, und laß dir lingen:
Dein Kolben magſt jetzt wohl lan bleiben,
Mein Tantz wird dir den Schweiß austreiben.

Der Narr.

O weh! ich wolt gern Holtz auftragen,
Und allweg viermahl werden g'ſchlagen
Vom Herren mein, und ſeinen Knechten,
So muß ich mit dem Dürrling fechten.

Der Tod zum Krämer.

WOhlher Krämer du Groscheneyer,
　Du Leuth-b'scheisser und Gassenschreyer,
Du must jetzmahls mit mir darvon,
　Dein Hümpelkram einm andern lohn.

Der Krämer.

Ich bin gezogen durch die Welt,
　Und hab gelößt allerley Geldt,
Viel Thaler, Müntz, Kronen und Gulden:
　O Mord, wer zahlt mir jetzt die Schulden.

Der Tod zum blinden Mann.

DEin Wegzeiger schneid ich dir ab,
 Tritt sittlich, fallst mir sonst ins Grab;
Du armer blinder alter Stock,
 In deinem bösen bletzten Rock.

Der blinde Mann.

Ein blinder Mann, ein armer Mann,
 Sein Muß und Brod nicht g'winnen kan;
Kont nicht ein Tritt gehn ohn mein Hund,
 GOtt sey g'lobt, daß hie ist die Stund.

Der Tod zum Juden.

Nuyum Jud, mach dich auf die Fahrt,
Deines Meßiä haft zu lang g'wart;
Christus, welchen ihr habt ermordt,
War der recht, ihr habt lang geirrt.

Der Jud.

Ein Rabbi war ich der Geschrifft,
Zog aus der Bibel nur das Gifft:
Gar wenig nach Meßiam tracht,
Hat mehr auf Schätz und Wucher acht.

Der Tod zum Heyden.

Komm falscher Heyd und gottloß Mann,
Dein Abgott dir nicht helffen kan:
Den Teuffel hast für GOtt geehrt,
Derselb hat dein Gebett erhört.

Der Heyd.

Jupiter, Neptunus und Pluton,
 Ihr höchsten Götter wolt mich nicht lohn;
Wann ihr all drey seyd unsterblich:
 Saturnus wollst erbarmen dich.

Der Tod zur Heydin.

Ich kan, Heydin, fein artlich greiffen
Ein Todten-Lied auf der Sackpfeiffen,
Dem must nachtantzen wie dein Mann,
Rüffest du schon alle Götter an.

Die Heydin.

Juno, Venus und auch Pallas,
Euch Göttin laßt erbarmen, daß
Ich sterben muß, helfft mir aus Noth,
Kein Segen hilffet für den Tod.

Der Tod zum Koch.

Komm her Hanß Koch, du must darvon,
  Wie bist so feißt, du kanst kaum gohn:
Hast du schon kocht viel süsser Schleck,
  Wird dir jetzt saur, du must hinweg.

Der Koch.

Ich hab kocht Hüner, Gäns und Fisch,
  Meim Herren vielmal über Tisch,
Wildprät, Pastet und Marciban:
  O weh meins Bauchs, ich muß darvon!

Der Tod zum Bauren.

DU haſt dein Tag g'habt Arbeit groß,
Frühe und ſpath ohn Unterloß,
De'n Burde will ich dir abnemmen,
Korb, Flegel, Degen thu mir geben.

Der Bauer.

O grimmer Tod, gib mir mein Huth,
Mein Arbeit mir nicht mehr weh thut,
Die ich mein Tag je hab gethan,
Was zeuchſt mich armen alten Mann.

Der Tod zum Kind.

Kreuch her, Kind, du must tantzen lehren,
Wäin oder klag, magst dich nicht wehren,
Hättest schon die Brust an deim Mund,
So hilffts dich nicht zu dieser Stund.

Das Kind.

O weh, mein liebes Mütterlein,
Ein dürrer Mann zeucht mich dahin:
O Mütterlein, wilt du mich lohn,
Muß tantzen, und kan noch kaum stohn.

Der Tod zum Mahler.

Hans Hug Klauber laß Mahlen stohn /
 Wir wöllen auch jetzmals darvon:
Dein Kunst / Müh / Arbeit / hilfft dich nüt /
 Mann es geht dir wie andern Leüt:
Hast du schon grewlich gmacht mein Leib /
 Wirst auch so gstalt mit Kind und Weib:
Hab GOtt vor Augen allezeit /
 Wirff Bensel hin / sampt dem Richtscheit.

Contrafacturen
Barbare Hallerin /
Hanß Hug Klaubers seelige
eheliche Haußfrawen:
sampt ihres Kinds
Hanß Ulrich Klauber.

Bildnuß
Hanß Hug Kluber
so den Todtentantz zu Basel
Anno 1568. auffs newe re-
noviert: starbe im jahr 1578.
den 7. Febr. seines alt. 42. jahr.

Der Mahler. Mein GOtt du wöllest bey mir stohn / Dieweil
ich auch muß jetzt darvon: Mein Seel befihl ich in dein Händ /
Wann die Stund kompt zu meinem End / Und der Tod mir mein
Seel austreibt / Verhoff doch mein Gedächtnuß bleib / So lang
man diß Werck haltet schon: Behüt euch GOtt / ich fahr darvon.

Der Tod zum Sauffer.

Wilt du noch nicht vergnüget seyn,
  Halt, halt, ich will dir schencken eyn,
Und dir abstricken vor der Zeit
  Dein Leben jetzt mit grossem Laid.

Der Sauffer.

O Paule, du Heiliger Mann,
  Deinen Spruch ich nie geglaubet han,
Daß Fressen, Sauffen, Hurerey,
  Dem Leib und Seel so schädlich sey.

Der Tod zum Spieler.

WEil du dem Spielen Tag und Nacht
So embsiglich hast nachgetracht,
Huy Tod druck ab die Gurgel sein
So ist der Leib und Seele mein.

Der Spieler.

O lieben Gsellen helffen mir,
Daß ich entrinn dem wüsten Thier,
Hätt ich besucht des HERREN Wort,
Wär mir wohl g'wesen hie und dort.

Der Tod zum Räuber.

Dieweil du hast in dieser Zeit,
Mit Raub und Mord durchgricht die Leut:
Glaub mir, du wirst vor GOttes Thron
Mit den Cainern übel b'stohn.

Der Räuber.

O daß ich nimmer wär gebohren,
Dermaß empfind ich GOttes Zoren,
Darzu mein G'wissens schwäre Qual:
O weh meins Leibs, weh, weh der Seel.

F

Adam und Eva.

Von des Teuffels vergifften Zung,
Hat der Tod sein Ursprung,
Herrschet über die Menschen gantz:
Wir müssen all an seinen Tantz.

Adam und Eva.

Eva ist vast schuldig dran,
Sie gab den Tod auch ihrem Mann,
Deß müssen wir groß leyden Noht,
Dann daher kommt der bitter Tod.

Hiemit die Rhym des Todten=Tantz,
 O Satyre, sich enden gantz:
Doch zwey Verslin, so folgen nun,
 Ihn gantz und gar beschliessen thun.

Mit stiller Stund,
 Gehn wir zu Grund.